AF341013

ORDONNANCE
DV ROY, PORTANT

defences à toutes perſonnes de quelque
eſtat, qualité & condition qu'ils ſoient, fors
ceux denommez par icelle, tout port & vſage d'arquebuſes, & autres baſtons à feu, ſur
les peines y contenuës.

*Leuë, publiée & regiſtrée en Parlement, le
deuxieſme Decembre, 1619.*

Enſemble les precedentes Ordonnances faictes ſur
le meſme ſubject.

A POICTIERS,
Par A. MESNIER, & I. THOREAV, Impri-
meurs ordinaires du Roy, & de l'Vniuerſité.

M. DC. XX.

OVIS par la grace de Dieu Roy de France & de Nauarre, à tous ceux qui ces presentes lettres verront, Salut. Le bon Prince est non seulement obligé de donner la paix à son Estat, & maintenir la Iustice & la tranquilité, Mais aussi de preuoir tout ce qui peut estre nuisible au general & particulier d'iceluy; De tout temps cela a esté practiqué, & par nous plus que par aucun de nos predecesseurs : Car Dieu d'où tout bien procede, ayant beny nos actions les a faict reussir à sa gloire & au repos de nostre Royaume. Ainsi des aussi tost que la paix y a esté asseurée, & tous mouuemens cessez, Nos premieres pensées ont esté d'empescher (par defences de porter armes & bastons à feu), qu'il n'en fust mesusé, au preiudice de ceux qui sous la foy publique vont de Prouince en Prouince, où la necessité de leurs affaires les conduit Telles deffences ont eu lieu iusques à ce que l'apprehension de quelque nouueau mouuement les a faict enfraindre, encores que par la mesme bonté diuine & nostre soin accoustumé, il ait esté assoupy presque auant sa naissance. Ce neantmoint l'on n'a pas laissé de continuer : & bien que ce soit vne faute qui porte auec soy quelque excuse par la transgression vniuerselle, sous pretexte de la venuë de quelques trouppes qui ont tenu la campagne: si est-ce que comme la cause de la licence est cessée, auſſi eſt il raiſonnable que l'effeſt du bien & repos public la ſuiue par le renouuellement de nos prece-dentes deffences.

Pour ces cauſes, & autres bonnes conſiderations à ce nous mouuans, de l'aduis de noſtre Conſeil, & de noſtre pleine puiſſance & auſtorité Royalle, Nous auons prohibé & deffendu à tous nos ſubieſts de quel-que qualité & condition qu'ils ſoient l'vſage & port deſdites armes & baſtons à feu, comme piſtoles, ar-quebuſes, & carabines, en quelque ſorte & maniere que ce ſoit, notamment dans leurs poches & lieux cachez. Faiſant pareille defences à tous Eſtrangers entrans dans nos Royaumes & pais de noſtre obeiſ-ſance, ſur peine d'eſtre procedé à l'encontre des de-linquans, conformément à noſdites precedentes de-fences, que nous voulons à ceſte fin eſtre de nouueau auec les preſentes, leuës, publiees, & inuiolablement gardees & obſeruees : N'entendant neantmoins com-prendre és ſuſdites defences, les Archers de la garde de noſtre Corps, ceux de la Royne noſtre tres-hono-rée Dame & mere, venans nous ſeruir ou s'en retour-nans, gens de nos Odonnances allans à la monſtre, Cheuaux legers pareillement, & ſe tranſportans en leurs Garniſons : Archers de la Preuoſté de noſtre Hoſtel : Conneſtablie & Preuoſts des Mareſchaux, Vis-baillifs, Viſſeneſchaux, & Preuoſts Generaux de nos Prouinces : Archers du Sel & Gabelle, leſquels nous voulons ſeurement & librement paſſer, ayants tous les ſuſdits certificats de leurs Capitaines, auſquels nous defendons d'en donner qu'à ceux qui reellement s'en retourneront ou viendront, pour rendre le ſerui-ce qu'ils nous doiuent. Mandons à ces fins, aux Gou-uerneurs & Lieutenants generaux de nos Prouinces,

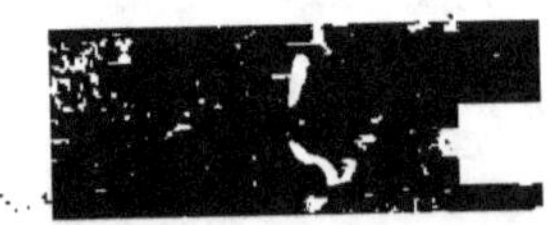

5

Capitaines, Gouuerneurs de nos Villes & Chasteaux,
ponts & passages, Maires, Consuls & Escheuins de
nos Villes, qu'ils tiennent soigneusement la main à
l'execution de nostre p esente volonté, & qu'ils ayent
à se saisir des delinquans pour les remettre és main de
nos Officiers, comme aussi aux Preuosts de nos tres-
chers & feaux Cousins, les Mareschaux de France, de
tenir auec leurs Lieutenants & Archers la campagne,
& proceder à l'encontre des contreuenans à ses presentes. SI DONNONS en mandement à nos amez
& feaux Conseillers, les gens tenans nos Cours de
Parlements, Baillifs, Seneschaux, Preuosts ou leurs
Lieutenants, que cesdites presentes ils facent lire, publier & enregistrer, garder & obseruer inuiolablemét,
& à nos Procureurs Generaux ésdites Cours & leurs
Substituts, d'agir & requerir ce qu'ils estimeront vtil
pour l'accomplissement de nostre intention portée
ésdites presentes Car tel est nostre plaisir. En tesmoing
dequoy nous auons fait mettre nostre seel à cesdites
presentes. Données à Monceaux le dix neufiesme
iour de Nouembre, l'an de grace mil six cens dix-neuf,
& de nostre regne le dixiesme.

Signé   LOVIS.

Et sur le reply, par le Roy.

DELOMENIE.

Et sellée sur double queuë du grand seau de cire jaune,

Et à costé est escrit:

*Leües, publiées & registrées, ouy & ce requerant le Procureur
General du Roy, & ordonné que coppies collationnees seront en-*

uoyees aux Baillages & Seneschauſſees, pour y eſtre leües, publiees, regiſtrees, gardees & obſeruees à la diligence des Subſtituts
du Procureur general du Roy, qui ſeront tenus certifier la Cour
auoir ce faiſt au mois. A Paris en Parlement le deuxieſme Decembre, mil ſix cens dix-neuf.

Signé, VOYSIN.

Extraiſt des regiſtres de la ſenechauſſee de Poiſtou à Poiſtiers.

OVy, & ce requerant le Procureur du Roy, Auons
ordonné que les preſentes Ordonnances pour la
defence des arquebuſes & autres baſtons à feu, verification & publication eſtant au pied d'icelles, ſeront
regiſtrees au Greffe de la Cour de ceans pour y auoir
recours quand beſoin ſera, & publié à ſon de trompe
par les carrefours & lieux accouſtumez de ceſte ville à
faire les publications, & qu'à la diligence du Greffier
de la Cour de ceans leſdites Ordonnances ſeront en-
uoyees aux Sieges Royaux & anciens reſſorts & en-
claues de ce Siege, pour icelles faire publier, & en certifier le Procureur du Roy dans quinzaine. Fait à
Poiſtiers le 3. Ianuier 1620.

Signé, GOVSTIERE. Greffier.

Et ledit iour les preſentes Ordonnances & Verification ont eſté
par moy François Ioubert Sergent Royal ordinaire en Poiſtou, leuës
& publiées à ſon de trompe & cry public, par les cantons & carrefours de ceſte ville, ayant auec moy Pierre Pareau Trompette
ordinaire d'icelle. Signé.

F. IOVBERT. & P. PAREAV.

LOVIS par la grace de Dieu Roy de France & de Nauarre, à tous ceux qui ces presentes lettres verront, Salut. Le desir de soulager nostre pauure peuple, Nous ayant fait ordonner dés aussi tost que les armes eurent esté posées, à tous Gentilshommes & soldats de se retirer en leurs maisons par petites trouppes. & puis celuy de regir nos subjets en droiture & equité „ faict renouueller & publier les Edits & Declarations faites tant par le feu Roy nostre tres-honoré Seigneur & Pere, de glorieuse memoire, que Nous depuis son deceds, côtre la fureur & pernicieuse coustume des duels, souuentesfois recognuë & côdamnée en cestuy nostre Royaume, par nos predecesseurs, pour conseruer la vie & les ames à vn grand nombre de Gentilshommes & autres persônes, que la seule enuie de faire paroistre leurs courages, portoient en telles extremitez, & prouoquoient l'ire de Dieu sur cet Estat, que ceste Bonté infinie à tousiours preserué. Et pource que dés lors nous auons recognu le deuoir d'vn bon Prince, consister non seulement à faire obseruer les Loix qui sont vtiles au public, ains qu'il est obligé de les renouueller lors que la necessité le requiert, & que les desordres suruenus en son Empire, leur cause l'amoindrissement de leur ferueur: notamment quant elles sont agreables à céste Bonté infinie qui regit tout par sa seule volôté. Et considerant combien estoient vtiles & iustes celles qui par nostredit Seigneur & Pere & Nous, auroient esté establies & publiées pour defendre le port d'armes & bastons à feu, afin de preuenir les inconueniens qui en peuuent arriuer, & la commodité que la tolerance

apporteroit à vn grãd nombre de voleurs, vagabonds,
& gens fans adueu, de s'en feruir pour commettre des
actions contraire à l'honneur de la Maiefté Diuine,
& de la Noftre, & qu'il ne fuffira d'empefcher les duels
fi on ne remedioit aux affaffinats que des perfonnes
fans valeur & courage commettroient pour les ven-
geances de leurs querelles particulieres à l'encontre
des plus braues qui n'efpargneroient iamais leur fang
pour l'accroiffement de la Foy & l'agrãdiffement de
noftre Monarchie : Ioinct qu'il eft pareillement de
noftre dignité de contenir vn chacun dans les termés
de fon deuoir , & de faire proceder à l'encõtre des
malfaicteurs, pour tenir en feureté les chemins, afin
que librement on fe puiffe tranfporter d'vne Prouince
en vne autre fans apprehenfion, & que la France d'vn
Royaume remply de Iuftice & de bonnes Loix ne fe
conuertiffe en vne foreft où tous les mal-viuans &
fans la crainte de Dieu, ayent leur retraitte fans peur
de la punition que leurs œuures auroient meritées, &
qui ne pourroient qu'eftre grandement déf-agreables.
Pour ces caufes & autres cõfiderations à ce nous
mouuãs, fçauoir faifons que de l'aduis d'aucũs Princes,
Ducs Pairs, Offiiers de noftre Couronne, & princi-
paux Seigneurs de noftre Confeil , Nous auons dit,
ordonné, difons & ordõnons par ces prefentes fignées
de noftre main, que les Declarations cy deuant faites
pour ce regard feront , de nouueau leües & publiées.
& qu'en execution & confequence d'icelles, Voulons
& nous plaift que tous nos fubiets de quelque condition qu'ils puiffent eftre , n'ayent à l'aduenir à porter
ou faire porter aucunes armes à feu, cõme arquebufes,
piftolets & carabines, en quelque maniere que ce foit,
notamment dans leurs poches & lieux cachez : Et tous

eftrangers

eſtrangers entrans dans ce Royaume pareillement, ſur peine d'eſtre procedé à l'encontre des delinquans conformément aux ſuſdites Declarations. N'entendons neantmoins comprendre en ceſte preſente defence, les Archers de la garde de noſtre corps : ceux de la Royne noſtre tres-honorée Dame & Mere, venans nous ſeruir, ou s'en retournans, Gens de nos Ordonnances allans à la monſtre, Cheuaux legers pareillement, & ſe tranſportans en leurs garniſons, Archers de la Preuoſté de noſtre Hoſtel & porte, Conneſtablie & Preuoſts des Mareſchaux, Vis-baillifs, Viſſeneſchaux, & Preuoſts generaux de nos Prouinces, Archers du Sel & Gabelle : leſquels nous voulons ſeurement & librement paſſer, ayans certificats de leurs Capitaines: auſquels nous defendons d'en donner qu'à ceux qui reellement s'en retourneront ou viendront, pour rendre le ſeruice qu'ils nous doiuent. Mandons à ces fins aux Gouuerneurs & Lieutenans generaux de nos Prouinces, Capitaines, Gouuerneurs de nos Villes & Chaſteaux, pôts & paſſages, Maires, Conſuls & Eſcheuins de nos Villes, qu'ils tiennent ſoigneuſément la main à l'execution de noſtre preſente volonté : Et que des delinquans ils ayent à s'en ſaiſir, pour les remettre és mains de nos Offiçiers : Comme auſſi aux Preuoſts de nos tres-chers & feaux Couſins les Mareſchaux de France, de tenir auec leurs Lieutenans & Archers la campagne : & proceder à l'encontre des contreuenans à ces preſentes, ainſi qu'il eſt porté és ſuſdites Declarations. Si donnons en mandement à nos amez & feaux Conſeillers les gens tenans nos Cours de Parlement, Baillifs, Seneſchaux, Preuoſts ou leurs Lieutenans, que ces preſentes ils facent lire, publier & regiſtrer, garder & obſeruer inuiolablement, & à nos Procureurs generaux efdites Cours, & leurs Subftituts, d'agir & requerir ce qu'ils eftimeront vtil pour l'accompliffement de noftre intentiion portée efdites prefentes : Car tel eft noftre plaifir. Aufquelles en tefmoing dequoy, Nous auons fait mettre noftre feel. Donné à Paris le vingt-quatriefme iour de Iuillet, l'an de grace, mil fix cens dix-fept. Et de noftre regne le huictiefme.

Signé LOVIS.

Et fur le reply eft efcrit, Par le Roy,
DE LOMINIE.

Et feellé fur double queüe du grand feel de cire iaune.

Leües, publiées & regiftrées, Oüy & ce requerant le Procureur general du Roy, Ordonné que coppies collationnées feront enuoyées aux Bailliages & Senefchauffees de ce reffort, pour y eftre leües, publiées & regiftrées à la diligence des Subftituts dudit Procureur general, & en certifieront la Cour au mois. A Paris en Parlement le troifiefme iour d'Aouft mil fix cens dix-fept.

Signé VOYSIN.

HENRY par la grace de Dieu Roy de France &
de Nauarre, &c. Auons inhibé, prohibé, interdit
& defendu inhibons, prohibons, interdifons & defendons generalement par tout noftre Royaume &
pays de noftre obeïffance, à tous nos fubjets de quelque qualité eftat, degré & condition qu'ils foient ou
puiffent eftre, tout port, vfage & exercice d'arquebufes, petrinats, piftoles, piftolets, & autre baftons à feu,
par les villes, bourgs, bourgades, & par les champs &
paffages de noftredit Royaume, à peine de confifca-
tion defdites armes & de leur cheuaux : & outre cela,
de deux cens efcus d'amende, & de tenir prifon iufques
au payement d'icelle, pour la premiere fois : & de la
vie & perte des biens pour la feconde, fans efperance
de grace, pardon ne remiffion : aufquelles, fi aucunes
eftoient par furprife & importunité obtenuës, nous
defendons à nos Iuges & Officiers d'auoir efgard,
quelque congé, difpenfe, ou permiffion de porter armes que nofdits fubjets ayent de nos predeceffeurs, ou
de nous, lefquels auons à cefte fin, de noftre pleine
puiffance & authorité reuoquez & reuoquons par ces
prefentes. Neantmoins nous permettons aux Seigneurs, Gentils-hommes & hauts Iufticiers, d'auoir
en leurs maifons des champs, des harquebufes pour en
tirer & exercer feulement dedans l'enclos & pourpris
de leurfdites maifons. Mais nous n'entendons com-
prendre en la rigueur de la prefente Ordonnance, les
quatre cens Archers de quatre compagnies à cheual
des gardes de noftre corps, lors qu'ils feruiront leur
quartier, iront ou viendront de leur maifon où nous

ferons, pour le fait dudit feruice, portans leurs cafaques, ou bien vn certificat de leurs Capitaines en chef,
figné de leurs mains, & cacheté du feel de leurs armes:
les Archers de la Preuofté de noftre Hoftel, Connefta-
blie & Marefchauffee de France, Vis-baillifs & Vife-
nefchaux eftablis par les Prouinces, allans & venans
pour l'exercice de leurs charges, portans auffi leurs
cafaques : les foldats de noftre compagnie de cheuaux
legers, commandée par le fieur de la Curée, noftre
Lieutenant en icelle : celle de noftre tres-cher fils le
Duc de Vendofme, commandée par le fieur d'Hure:
& celle que commande de prefent le fieur de Loppes
aufquels nous auons permis de porter feulement des
piftoles & piftolets, fans harquebufes, eftans en feruice
& allans & venans de leurs maifons aux lieux où feront
léfdites compagnies, ayans pareillemét leurs cafaques
ou vn certificat figné par leurfdits Lieutenans, & feell
du cachet de leurs armes & non d'autres. Remettan
à faire vn reglement pour le regard des compagnies &
gens de nos Ordonnances que nous ferons publie
l'année prochaine, par lequel chacun d'eux fçaur
comme il en deura vfer. Ce pendant nous entendon
qu'ils foient comprins & fubjets à la prefente Ordon
nances, comme les autres qui n'en font exceptez. Et
ce qu'icelle noftredite Ordonnanne foit mieux obfer
uée, & que les contempteurs d'icelle foient mieux re
tenus par la rigueur de la punition, contre les infra
&eurs d'icelle : Nous auons fuiuant les ancienne
Ordonnances de nos predeceffeurs, permis & per
mettons, commandons & enjoignons à noftre peupl
& fubjets, prendre & arrefter prifonniers huict iou
apres la publication de ces prefentes faites en leur re
fort, toutes perfonnes qu'ils trouueront porter lefdit

armes à feu, fans nul excepter que les deſſus nommez,
& iceux mettre és priſons de la plus prochaine Iuſtice
pour de là eſtre menez & conduits au plus prochain
ſiege Preſidial, ou entre les mains du plus prochain
Preuoſt de nos Mareſchaux, Vis baillifs ou Viſeneſchaux, auſquels nous mandons & donnons pouuoir
les iuger ſans appel au nombre de ſept, ſuiuant la preſ-
ſente Ordonnance. Declarõs en outre tous recelleurs
de ceux qui porteront telles armes, & les autres qui
les logeront, s'ils ne viennent incontinent les reueler
à nos Iuges & Officiers, auoir encouru les meſmes
peines : & voulons eſtre contre eux procedé par la
maniere ſuſdite. Et pour mieux executer ce que deſſus,
auons permis & permettons auſdits ſubjets, ſi beſoin
eſt s'aſſembler à ſon de tocqueſin, & faire en ſorte que
la force & authorité nous en demeure, afin que telles
manieres de gens que nous ne pouuons eſtimer bons
ſubjets, ne puiſſent auec leſdites armes auoir aucun
ſeur accez par noſtredit Royaume. Voulons auſſi que
les armes dont ils ſeront trouuez ſaiſis, ſoient miſes &
depoſées en garde au plus prochain Chaſteau à nous
appartenant, & que les cheuaux ou argent & habille-
ment qu'auront iceux priſonniers, demeurent à ceux
qui auront fait ladite priſe, que nous declarons par la
preſente cõfiſquée & à eux acquiſe, enſemble la motié
deſdites amendes. Auons ordonné & ordonnons le
ſemblable contre ceux qui tiendront les champs cy
apres, & viuront ſur noſtredit peuple.

Si donnons en mandement à nos amez & feaux
Conſeillers les gens tenans nos Cours de Parlement,
Baillifs, Seneſchaux, Preuoſts ou leurs Lieutenans, que
ces preſentes ils facent lire, puplier & regiſtrer, garder
& obſeruer inuiolablement, & à nos Procureurs

B iij

Generaux esdites Cours & leurs Subſtituts, d'agir &
requerir ce qu'ils eſtimeront vtil pour l'accompliſſe-
ment de noſtre intention portée esdites preſentes:
Car tel eſt noſtre plaiſir. En teſmoing dequoy nous
auons fait mettre noſtre ſeel à ceſdites preſentes.
Données à Monceaux le quatrieſme iour d'Aouſt,
mil cinq cens quatre vingts dix-huict.

*Leu, publié, regiſtré en Parlement le 13. Aouſt 1598. à la
charge neantmoins que la cognoiſſance des contrauentions ſi aucunes ſont faites par perſonnes reſſeans & domiciliez, demeurera
aux Iuges ordinaires, à la charge de l'appel, & aux Preuoſts
des Mareſchaux, des vagabonds & gens ſans adueus, ſuiuant les
Ordonnances: Auſquels Preuoſts, vibaillifs, viſeneſchaux, &
leurs Lieutenans, ladite Cour enjoint faire leurs cheuauchées par les
champs, & lieux de leur deſtroict, ſans diſcontinuation & ſeiour
és villes eſquelles ils ſont eſtablis, plus de deux iours, ſinon pour
cauſe vrgente & neceſſaire, dont ils feront apparoir aux Iuges
ordinaires des lieux où ils feront ſeiour, & enuoyeront de ſix mois
en ſix mois à ladite Cour, les procez verbaux de leurs diligences,
auec certification des Iuges ordinaires comme ils ſe ſeront employez
en leurs charges, & à faute de ce faire ſera procedé contre eux
ainſi que de raiſon. Faict ladite Cour defenſes aux Receueurs &
payeurs de leurs gages, de leur deliurer aucuns deniers s'ils ne font
apparoir par certification deüe auoir enuoyé leſdits procez verbaux.
Outre enjoinct ladite Cour à tous Officiers du Roy, habitans des
villes, bourgs, & villages, Seigneurs hauts Iuſticiers, & Officiers
plus proches des lieux où leſdites volleries & meurtres ſe commet-
tront, pourſuiure en toute diligence, incontinant qu'ils en auront
cognoiſſance leſdits malfaicteurs pour les apprehender & conſtituer
priſonniers, ſi faire ſe peut. Et à faute de le pouuoir, faire dili-
gente perquiſition & remarque de leurs habits, armes & cheuaux, & du lieu de leur retraicte, faire du tout procez verbaux,*

ſur peine contre leſdicts Officiers de ſuſpention de leurs offices, &
priuation s'il y eſchet : auſdits hauts Iuſticiers de pareille peine de
priuation de leurſdictes hautes Iuſtices, & reunion d'icelles au
domaine du Roy. Et aux habitans des Villes, bourgs & villages,
d'amende applicable moitié au Roy, moitié aux excedez, ou leurs
heritiers. Faict defenſes à toutes perſonnes de quelque qualité &
condition qu'elles ſoient, de preſter confort & ayde auſdits voleurs,
malfaicteurs, les receuoir ny receler en leurs maiſons : ains leur enjoint ſi aucun ſe retire deuers eux, s'en ſaiſir, les preſenter à Iuſticez
autrement ſera procedé contre eux, comme coulpables & complices
de la meſme peine qu'eux, & à ceux qui viendront reueler à Iuſtice
leſdits receptateurs, en procedant à l'encontre d'eux ſur le faict
des reglemens, leur ſera la moitié des amendes & confiſcations
eſquelles ils ſeront condamnez, adiugée.

signé,   VOYSIN.